ISBN-13: 978-1530555451

ISBN-10: 1530555450

O Marketing do Entusiasmo

Jb.campos

Uma palestra, que se transforma em livro...

Fazemos alusões ao mais natural de todos os profissionais, o vendedor!

Remonta-se desde os nossos primórdios, essa gloriosa profissão, camuflada com muitas denominações...

Desde marketólogo à simples "vendedor"...

Sem vender, não se pode sobreviver.

Então o profissional de vendas é realmente um insigne elemento, imprescindível à vida da indústria e do comércio!

Portanto, a você que não escapa desse estigma de vendedor, pois, nascemos todos com esse apanágio (atributo) de vendedores...

Leia, e faça bom proveito dessas escritas, com nossos votos de sucesso!

O autor.

Aqui estão os subtítulos para o nosso marketing pessoal:

1. SEJA BEM-SUCEDIDO

2. NEGOCIADOR

3. DETALHE

4. ATENDIMENTO

5. INTERATIVIDADE

6. CRIATIVIDADE

Amigo, qualquer um de nós, deverá trazer na verve o entusiasmo comedido e equilibrado...

Este verbete deriva-se do grego, querendo dizer que, o entusiasta está cheio de exaltação criadora, ou cheio de Deus...

Concluindo esta assertiva, o verdadeiro vendedor é inexoravelmente criativo.

Esta palavra traduz algo inusitado, e maravilhoso produtor de sucesso.

Sem o entusiasmo não conseguiremos nada, ou quase nada.

O entusiasmo é o grande aliado da fé, da confiança, ou melhor ainda, da autoconfiança...

Existe uma frase milenar... dita por Jesus: "tudo é possível àquele que crê!

Marcos: 9

23 Ao que lhe disse Jesus: Se podes!-tudo é possível ao que [crê].

O entusiasta é acima de tudo um prospector, é aquele que sonda até o profundo da alma do seu interlocutor, ou cliente... à procura de problemas, no desejo de solucioná-los...

Você é um resolutório de problemas.

Esses problemas são inerentes aos seres humanos, portanto, todos nós temos problemas... pelo simples motivo, pelo qual teremos sempre de crescer no aprendizado da vida.

Porém, o vendedor é um profissional especial, tendo então a capacidade de auxiliar o seu cliente em todos os quadrantes da sua vida.

Essa é a figura carismática do homem, ou da mulher de vendas.

O seu halo expande-se envolvendo as pessoas, porque a sua índole é imaculada, naturalmente que não estamos aqui, tratando de santimônia (santidade), apenas de atributos como probidade, e honestidade... está claro que, estamos falando do profissional, vendedor!

Cada ser humano tem a sua verdade... haja vista, quantas religiões e filosofias existem no planeta, portanto, quando tratamos de religião, psicologia, ou qualquer outra matéria, é simplesmente porque se fazem mister à vida profissional do comunicador, e o vendedor é o comunicador mais antigo do planeta, é indubitavelmente o mediador entre duas forças:

1. COMPRA
2. MEDIADOR

3. VENDA.

Nos primórdios da humanidade, o homem praticava a troca, barganhando seus bens, para que pudesse sobreviver naqueles dias que se vão ao longe, então, barganha é o mais puro ato de se praticar a venda.

O profissional de vendas, tem de ser eclético, terá de ter conhecimento amplo, e geral.

Todos os profissionais estão inseridos no contexto: venda, posto que, todos são vendedores por excelência...

Sendo você um profissional-comprador... e todos nós fazemos nossas compras, então pela lógica, todos nós também o somos, (obs: existe uma simbiose entre compra e venda) antes de mais nada, você é um vendedor, pois, ao fazer uma boa compra, estará com certeza vendendo os seus serviços, seus atributos, seus dotes, sua capacidade de bom profissional.

No sentido amplo da palavra, ratificamos: vender é barganhar.

Troca-se dinheiro por mercadoria e consequentemente, mercadoria por dinheiro...

Existe compradora, economista e vendedora melhor, que a dona de casa?

Veja que versatilidade existe nessa grande negociadora, que luta pela sobrevivência da família!

Enquanto os pseudos doutores em economia dizem que, não existe a inflação na nossa economia, as donas de casa sabem perfeitamente que esses sábios sofismam descaradamente, então temos de aceitar frases como esta:

"Mais vale a prática do que a gramática".

Resumindo, vamos organizar tópicos de auto-ajuda, para que possamos racionalizar a nossa palestra: Comecemos pelo:

1. NEGOCIADOR

Bem, você já apercebeu-se ser um negociador, posto que, terá de barganhar suas virtudes como carisma, simpatia, educação, polidez, percepção, sutileza, além do produto em si na demonstração de sua qualidade, prazo de pagamento, bem como na agilidade de sua entrega etc...

No fundo, você vendedor, é o advogado de todas as causas da sobrevivência humana, naturalmente que, não é aquele causídico específico de legislação cerceada aos títulos nobélicos, mas é sim o advogado natural das causas nobres da sobrevivência.

Você, é o mediador dos problemas do ser humano, já que, para sobreviver necessita-se de dinheiro, porque sempre todos os bens estão sob o peso de seu valor monetário, então para se angariar o dinheiro honesto, haverá de se lutar para isso, e não precisa dizer que, você terá muitos problemas para resolver, e para resolvê-los haverá de negociar, mediar, advogar sempre em prol do seu cliente e de sua empresa.

- Qual a função de um cônsul na esfera global de um país?

- Não é a negociação?

- Não estará ele vendendo a imagem, ou produto do seu país?

Quando alguém se destaca em alguma atividade artística, ou atlética no cenário mundial, não vendem a sua imagem ao mundo, e obviamente ganha-se divisas com essa "merchandising", e o nosso herói torna-se não somente vendedor de sua imagem, bem como o próprio produto, não havendo nenhum desdouro nisso tudo.

O vendedor é, o intercessor da sobrevivência humana, veja então, quão importante é você no cenário da vida.

2. DETALHES:

Você poderá estar se indagando há muito tempo... por que o seu colega de profissão vende mais do que você... ou, por que você vende mais do que ele...

Pois bem, os pequenos detalhes fazem as grandes diferenças...

Pense um pouco neste pequeno relato:

Joaquim, era um vendedor muito próspero, porém, José deixava a desejar quanto à prosperidade...

Joaquim possuía alguns bens a mais do que José, morando muito bem, com bons carros na garagem de sua residência etc...

E, José se perguntava: - Por quê? Já que fomos admitidos na mesma firma, na mesma função, no mesmo dia do mesmo ano e mês, e passando-se 10 anos, fico intrigado com a boa situação financeira de Joaquim, sendo que, não posso entender qual é, essa sua mágica...

Um pequeno detalhe separava esses dois bons profissionais.

Joaquim, simplesmente guardava em todos os santos dias, o valor equivalente a R$10,00 - dez reais.

Enquanto, José gastava exatamente o mesmo valor.

Após dez anos, este pequeno detalhe montava o valor de R$72.000,00 - setenta e dois mil reais... entre Joaquim e José.

E por muito pouco... que possa parecer, este montante representou uma grande diferença!

Aí, você dira:

- Gastar, ou economizar, nada tem a ver com vendas!

- Existem os profissionais bem sucedidos e os maus sucedidos, portanto, saber gastar, ou gastar com inteligência tem muito a ver com o vendedor sim! - Posto que, este é o profissional que é, ou não é!

Tudo nesta vida gira em torno da venda, sem ela acaba o progresso do planeta.

Perseverança, contumácia, perspicácia, pertinácia e dedicação são alguns ingredientes para se fazer o bolo do sucesso!

Assim é você, com relação às suas vendas...

Você trabalha mais o seu cliente, dedica-se mais, cuida mais em tomar para si a responsabilidade de resolver os seus problemas.

Agora... você, por ser um profissional dedicado, não se questiona nunca, apenas faz ao seu prospecto aquilo que gostaria que fosse feito a você, portanto, você cumpre o maior mandamento cósmico que é, amar o seu próximo.

Você poderá até questionar o retorno do seu trabalho, tachando-o de penoso, ao ser às vezes tripudiado pelo seu contato.

Dê sempre uma chance a mais ao seu cliente, posto que, ele supostamente sempre tem razão, porém, jamais deixe-se humilhar por quem quer que seja, partindo sempre da certeza de que vocês se eqüivalem diante da vida.

Ao você se mostrar interessado, sinceramente em cooperar, dividindo consigo os problemas do seu contato, jamais poderá aborrecê-lo ao ponto de ele querer execrá-lo...

Usando da honestidade, no trato com o seu cliente, ele sentirá a sua verdadeira vontade de ser-lhe útil, e quererá retribuí-lo!

Faça o agora, bem feito, e o futuro será apenas a conseqüência!

A verdadeira venda, se faz através do mais nobre conceito de vida do homem que, sem a menor sombra de dúvida é, a amizade...

No decorrer da nossa fala, abriremos um espaço para falarmos desta dádiva divina, que norteia a nossa vida rumo ao sucesso.

Portanto, caro amigo de profissão, para que você consiga um lastro de boas amizades, terá de inspirar e expirar profundamente, e com consciência, e tranqüilidade, com a paz interior, como se você fosse um anjo imaculado.

Em outras palavras, você somente resolverá os seus problemas com mais tranqüilidade, quando você fizer da sua profissão o seu entretenimento...

Você se sentirá extremamente útil ao ser generoso aos seus colegas de trabalho e ao seu contato, pois, ao desejar o bem a todos, estará concentrando somente boas energias, as quais, retornarão veementemente a você, pois, ao estimular prazer ao seu contato, obviamente o fará feliz, e cairá no seu bom conceito, fazendo-o sentir enorme desejo inconsciente de retribuir-lhe, e pela lógica o fará com polpudos pedidos, pois, essa é a tônica natural da vida.

Deixemos a hipocrisia, para todos os bens existe um preço, pois, é somente dando, que se recebe!

Não atente aos erros alheios, pois, seja você perfeito, se isso lhe for possível, não guarde nenhuma mágoa, perdoe a todos, principalmente ao seu cliente, caso haja ele com má fé a seu respeito.

"O bom cabrito não berra".

"O bom malandro é, o malandro honesto".

Jamais pense em vingança, já falamos, existem leis naturais que se incumbirão de fazer os ajustes dos nossos atos.

Não abra a sua boca para falar mal da concorrência, deixe que o seu cliente o faça, caso ela seja merecedora.

O concorrente é imprescindível ao seu sucesso, ele fará com que você se mexa mais, e o ajudará a melhorar suas atitudes.

A concorrência é tão necessária que, faz parte do nosso crescimento.

Quando nós, até por necessidade intrínseca, nos propomos a compor uma família, com certeza estamos arrumando vários concorrentes, que participarão do pão-nosso-de-cada-dia...

Então, pense que ela faz parte do seu jogo cotidiano.

Você dirá:

Eu jamais concorro com o meu filho...

A grande diferença aqui pautada, chama-se amor!

Pois é, no momento em que você amar um pouco mais a humanidade, você terá colocado sob as plantas de seus pés o maior de todos os males, a preocupação neurótica da concorrência, sendo que terá o maior prazer de vender o seu peixe, em relaxante estado de espírito, consciente de que Deus de todos cuida.

Conjeturamos apenas... sobre alguns detalhes sobre vendas, porém, existe infinidade deles.

3. ATENDIMENTO

Atendimento ao cliente, sem dúvida é, a culminância da sua profissão de vendedor.

Iniciamos com o marketing do entusiasmo, pois bem, falaremos agora do marketing pessoal:

Há pouco tempo, eu e minha esposa fomos à uma loja de eletrodomésticos com a finalidade de comprar uma máquina de lavar roupas.

Ao sermos atendidos por um vendedor, aliás, simpático vendedor...

Gostamos da máquina, e acertamos o preço e tudo mais.

Agora entra o marketing pessoal, perguntamos ao vendedor se poderíamos marcar o dia para recebermos a máquina em nossa residência, de maneira que não nos causasse perda de tempo.

O esforçado vendedor foi até a gerência e trouxe-nos a notícia de que aquela nossa solicitação não era cabível com a política da empresa, pois, ela marcaria o dia e a hora da entrega etc...

Cumprimentamos aquele simpático vendedor que, discretamente nos indicou uma concorrente defronte de sua loja, que com certeza seria coerente com a nossa necessidade, e dando-nos o seu cartão etc...

Atravessamos a rua, chegando à concorrente falamos com um vendedor que, por sua vez, também foi-nos muito atencioso e solícito em nos atender, concordando com o nosso pedido, já que aquela seria a política de sua loja.

O atendimento foi espetacular que, quando retornamos à nossa casa, a nossa máquina de lavar já estava instalada. Portanto, a entrega da máquina se processou naquele mesmo dia.

Este foi um trabalho de marketing perfeito...

Após alguns meses retornamos àquela loja e fomos atendido pelo vendedor da primeira loja, aquela que discordara em suprir a nossa necessidade.

Pois, havíamos aventados sobre a coerência daquele profissional, já que era impossível nos vender aquela máquina de lavar, devido à nossa necessidade premente, então... indicara a sua concorrente.

Aquele vendedor, com a sua simpatia fez a sua propaganda pessoal inteligentemente, usando-nos como instrumento da sua merchandising pessoal, ganhando uma vaga na concorrente, que melhor nos atendera.

Portanto, seja o seu próprio empresário e faça a sua propaganda pessoal com ações.

Você é um artista, que incorpora todas as profissões, de marketólogo à psicoterapeuta.

Você é aquele artilheiro, que chuta com os dois pés ao mesmo tempo.

Note que os pequenos-grandes detalhes estão sempre presentes.

4. INTERATIVIDADE

Interatividade, eis um tema importantíssimo ao vendedor.

Interagir se faz premente e necessário ao sucesso.

Seja interativo, porém, tenha desconfiômetro, não canse a beleza do seu prospecto, saiba ser agradável, e aperceba-se de quando está passando da medida.

Sorria com sinceridade, aliás, este deve ser o primeiro mandamento do vendedor, sorrir.

Sorria ligeiramente, com sutileza e sinceridade nos primeiros contatos até que, você possa ser totalmente autêntico.

A autenticidade é por si só verdadeira, tendo um poder desmesurado de carisma...

E... para que você seja simpático, seja simples, e até coloquial com algumas palavras informais, dando mais ênfase na sua empatia ao cliente.

Na realidade, no contexto geral, você pode ter muitos recursos, porque você é extremamente criativo, porém, à sua empresa o quê interessa é: "bola na rede"...

Você terá de marcar seus gols!

Portanto, falemos um pouco da criatividade:

5. CRIATIVIDADE

Seja criativo, já que, você faz parte da natureza que cria tudo com uma perfeição irrefutável...

Ela cria uma flor do campo com seu perfume e visual maravilhosos.

Poderíamos ficar fazendo apologia aos grandes inventores, que criaram nossas ferramentas do cotidiano, como o telefone, computador etc...

Você faz parte desta natureza de homens criativos...

Crie situações para sensibilizar o seu cliente.

Jamais despreze, ou esqueça dos pequenos detalhes.

Um aglomerado de partículas atômicas invisíveis, são capazes de destruir o planeta de onde elas foram extraídas e buriladas em formato de destruição.

O raio laser, presta-se às boas operações médicas, promovendo curas espetaculares, e são apenas detalhes de raios a favor do ser humano.

Seja um facho de raio invisível, na sutileza de desvendar problemas no seu prospecto.

Observação enfática: a sua mente é tão pequena que, ninguém a pode ver, no entanto, você não moveria um dedo sem a sua anuência, ou consentimento.

Onde seria o lar do seu pensamento?

Onde poderíamos encontrá-lo?

Localizar-se-ia realmente no seu cérebro?

Algum cientista já pôde tocá-lo?

Bem... a nós se nos parece realmente virtual e etérico, o tal pensamento... que realmente nos guia ao bem, ou ao mal!

Quanto mais entusiasta você for, mais fértil será a sua criatividade, como se por milagre comparado a esses que, embasados na fé, produzem curas, deixando até a ciência na berlinda.

"Tamanho não é documento!"

Repisamos, seres ínfimos e invisíveis, conhecidos por vírus, que transformam-se em enfermidades, ceifam vidas, bem como, os conhecidos por anticorpos, protegem vidas etc...

Creia que você é, e você será!

A melhor ferramenta para você conseguir ser criativo é, a fé!

Pode até não ser a fé no sentido filosófico-religioso, bastando que você creia nos seus bons sentimentos, e você estará se complementando na bela e rica profissão de vendedor, ou qualquer outra, que você entenda por profissão...

Jamais despreze a sua mente, ou a sua maneira de pensar, pois, pensando bem e positivamente, estará criando um bom futuro para você em todos os sentidos, principalmente naquele em que concentrar maior desejo!

Eis o velho refrão:

"Querer é poder".

Não tenha receio de acreditar em você, ninguém neste mundo poderá desejar tanto bem a você, do que você mesmo.

Acontece que, existindo algumas anomalias mentais, como o hipocondrismo, o masoquismo, o sadomasoquismo e outras aberrações, que poderão empurrar o ser humano para a contra-mão do sucesso!

Assunto este, bem peculiar dos vícios, que levam literalmente à destruição do ser humano.

Se você se entregar inteiramente aos bons costumes, e trabalho o é, então não terá de temer nada, pois, nada poderá ser contra você...

Você será irresistível, nimbado de grande carisma...

Aproveitando o gancho, abramos um tópico, para o carisma:

6. CARISMA

O carisma é algo fascinante, ele é aderente e contagioso, no bom sentido é claro.

O carismático exala o odor da simpatia, o seu campo magnético, nos encanta a todos, feito à teia de aranha, que prende a sua presa...

Quem não vê televisão?

Seria hipocrisia, dizer que não se vê televisão, e nela existem os carismáticos da mídia.

Você está na mídia pessoal, que é poderosa, e que sofre influências de outras mídias, como a esportiva, a religiosa, a do entretenimento em geral.

O carisma causa enorme prazer, começando pelo seu visual, sua maneira de se trajar, seus meneios, enfim, sua linguagem corporal... isso apenas, sem abrir o maior tesouro que você possui nesse seu tabernáculo que é, a sua boca.

O seu cliente está inconscientemente desesperado para encontrar com você, você é aquele ser inspirador, que ao aparecer na frente do seu contato, o faz rejubilar de alegria velada, oculta etc...

Às vezes até para satisfazer o ego distorcido do seu cliente que, querendo se firmar como ser humano, tenta fazer de você um filho a quem ele não teve a autoridade de repreender ou ensinar, e paternalmente quer fazê-lo com você.

Você tendo a perspicácia, aceita-o como é, deixando-se "levar", satisfazendo o ego do seu cliente.

Satisfazer o ego, repercute como algo desdenhoso, porém, é a maior calamidade doentia da humanidade, sendo a doença interna da nossa alma, ou psique... e você o grande profissional de vendas, ganha muito bem para sará-la na mente do seu contato.

Você sabe que:

"O cliente tem sempre razão".

Percebemos claramente que, as maiores virtudes habitam dentro do nosso ser, a exemplo da autoconfiança... aliás...

Tomo a liberdade de relatar aqui, o poder magnífico da autoconfiança...

Recebi um telefonema de uma pessoa que leu um dos meus livros, e educadamente, tecendo-me alguns elogios, relatou uma passagem de sua vida:

Disse-me ele, em palavras eruditas, e de apurado esmero, buriladas palavras, confesso, fiquei atônito, ou pasmo com a sua história.

Campos, é um grande prazer conhecê-lo etc...

Sou uma pessoa privilegiada, freqüentei boas escolas na minha infância e juventude, era abastado, possuidor de muitos bens, e fui bom profissional etc...

Porém, a vida social me sucumbiu literalmente, fui tomado pelo mórbido prazer da bebida, ingerindo-a desbragadamente, até tornar-me um ébrio-mendigo!

Fiquei enternecido e comovido, e aproveitando que, não tinha a preocupação de conter as lágrimas, apercebi-me de que meus olhos marejavam...

Foi ele perdendo seus bens, até tornar-se um maltrapilho e barbudo mendigo.

Pervagando pelas ruas da sua cidade, era desprezado pelos seus amigos de infância, de seus colegas de escola e de seus clientes, pois, fora anteriormente, um renomado profissional liberal...

No auge do desespero, foi abandonado pela sua esposa, e filhos que ainda eram pequenos.

Dormitando em celeiros e debaixo de pontes, um belo dia, ao esmolar comida na porta de uma residência, foi atendido por uma viúva, pessoa muito afável, caritativa que alavancou-lhe o ânimo, dizendo:

Meu jovem, você poderia ser meu filho, pois, necessito de uma pessoa para conversar, sou sozinha, sou viúva...

Não quer morar comigo?

Perplexo, pois, há muito não tivera um pedido tão fantástico que, elevara a sua auto-estima àquela maneira.

Mais comovido ainda, continuava eu quase mudo, ouvindo-o falar, de maneira que de quando em vez, argüía-me:

Campos, está me ouvindo?

Replicava eu:

Sim, com muito prazer e emoção, continue, por favor:

Foi acolhido por aquela senhora, em seu lar...

Ela lhe deu muitas aulas de auto-estima, fornecendo-lhe livros de autores famosos, no campo da auto-ajuda etc...

Resumindo, disse-me, recomeçar tudo paulatinamente como garçon, contando sempre com o apoio daquela viúva, que fora a sua segunda mãe.

Hoje, sou executivo de uma empresa multinacional, portanto, lendo o seu livro, quis participar do seu ensejo de transmitir estímulo, anuindo-lhe verbalmente que relate este fato, pois, muitos jamais chegarão tão profundamente ao fundo do poço, para de lá conseguirem forças para alcançar o seu desejo... atribuo esta força a Deus, que usou da minha segunda mãe...

Procurando o bom-senso, estou ocultando os nomes próprios, neste relato.

Com o tempo, conheci pessoalmente este leitor, e pude perceber quanto carisma a escola da vida lhe proporcionou.

Ser humano contagiante, cheio de entusiasmo, verdadeiro bálsamo às dores daqueles que o rodeiam.

7. META

Esta é a grande aliada dos atributos do bem sucedido vendedor.

Façamos aqui, uma parábola:

Sua mente, é a grande praticante de tiro ao alvo.

A sua presença, juntamente com seus acessórios de trabalho, como roupas, gestos, palavras e atitudes, são o projétil.

Mentalmente, você terá de direcionar seus bons desejos de sucesso ao escopo, ou meta que é o fim colimado, o ápice, a sua venda.

Então... acione o gatilho do sucesso!

8. AÇÃO, PERSEVERANÇA E META:

São as armas mortíferas aos inimigos do sucesso!

O projeto, transformar-se-á na maquete e consequentemente no edifício.

Assim como um arquiteto, você estará arquitetando suas metas até colocar este edifício em pé.

Os meandros para se chegar à meta, são árduos, porém, prazerosos.

Aquilo que mais se nos parece nobre e gratificante chama-se filho!

Somente uma mãe, sabe discorrer com perfeição este fato, de parir um filho.

Primeiro vem o desejo incontido, depois o prazer, e longos e amargos momentos até a cruciante hora do parto, cuja mãe, descabelando-se passa pelo cadinho da purificação, no maior e literal ato de viver!

Depois ao embalar o rebento glorioso em seu colo, está disposta a esquecer tudo e, quiçá, obter um novo ser vivente em sua abnegada vida de mãe.

Mal comparando, assemelha-se ao nosso trabalho, cheio de entraves e desafios, que são os condimentos a dar sabor à nossa vitória.

9. DESAFIOS

Este tema é deveras interessante!

Já dissemos que, você é um valoroso soldado das vendas, você está à frente do seu pelotão na batalha pelo sucesso.

Seja um herói milionário e de sucesso!

Jamais se conforme com os títulos e medalhas, vá além!

Atrás de você vêm materiais bélicos e nobélicos, a artilharia, no conceito da beligerância militar e seus graduados mandatários.

Reiteramos que, você é precursor dos grandes negócios da sua empresa.

Você é o elemento estratégico, que sonda o terreno com sutileza e inteligência, portanto, o seu exército, bem como a sua pátria não podem prescindir de você...

Imaginou a sua importância no conceito da sua empresa, onde você presta seus serviços?

Indubitavelmente, você é poderoso.

Mas, acima de tudo você é humilde.

Você pode ser muito poderoso, e para ser mais poderoso ainda, jamais abjura o seu irmão de trabalho.

10. AÇÃO

Falávamos de partículas, portanto, de coisas pequenas, pois, reafirmamos que, os pequenos detalhes fazem as grandes diferenças...

Ação, fé, paz, amor e Deus, são pequenas palavras, porém, seus poderes são desmesurados.

Lembre-se da milenar frase:

"A fé sem as obras, é morta"!

Se você crê que vai vender muito, porém, sabendo disso, não for à venda, você apenas ficou na expectativa, no imaginário, no sonho da inércia e deixou de concretizar, ou de colocar em ação o seu dom maravilhoso que o levaria ao sucesso.

Pratique essa maravilhosa terapia, que é, visitar, ou conversar com o seu cliente, pela qual, ambos, você e o cliente, gozarão da grande benesse de aumentar a saúde, a auto-estima, autoconfiança etc...

11. LINGUAJAR

A maior arma do vendedor, ou do relações humanas, ou agente de marketing, ou do promotor de vendas... cá entre nós... tudo aqui redunda mesmo em vender...

Lembra-se da bola na rede?

A fala do vendedor, pela qual, este profissional tão requisitado atinge o ápice do sucesso, bastando-nos abrir os classificados e vermos que, são os mais procurados e, os que passarem pelo crivo da eloqüência serão os mais bem pagos etc...

A retórica, ou o prosaísmo têm as pernas curtas, rivalizando-os com a mentira, pois, o interlocutor aperceber-se-á do bico-doce que lhe fala!

Apesar do locutor... que lhe fala, quase não suportar o odorífico perfume da flor do lácio, promete simplificar o possível, até para não passar por pedante diante de simpática platéia...

Então... a linguagem do homem de vendas, deverá trazer no seu bojo a criatividade!

Os cuidados com as palavras são preponderantes, haja vista que, se ofendermos apenas com uma só palavra de baixo calão um cliente, jamais obteremos a sua empatia satisfatoriamente, em contrapartida, necessitamos de muitos elogios sinceros para conquistá-lo!

12. NO FIO DA NAVALHA

"Se você ficar o bicho come, e se correr o bicho pega".

Aqui não vai nenhuma apologia exacerbada à venda, porém, "contra fatos não há argumentos!"

Aponte apenas um profissional bem sucedido, que não necessitasse peremptoriamente de vendas...

Por que inventaram a mídia?

Por que existem as empresas, os contratos, os carnês etc...

Por quê?

Somente por sua causa, você é o nobre guerreiro, desbravador, profissional honesto e trabalhador, que molha a camisa no elã de progredir, com a imensa satisfação de carrear um enorme contingente que necessita do seu insigne trabalho.

Pense nisso:

Quantas famílias dependem de suas vendas?

Sem suas vendas as empresas não subsistirão, causando desemprego e miséria humana...

Não se subestime, você pode!

Você é!

Eis o fio da navalha, ou você se comunica, ou você simplesmente sucumbirá na mácula da ociosidade, ou da preguiça!

13. ÊXTASE

O profissional deve senti-lo, até porque ele se confunde com o entusiasmo, porém, com consciência.

O êxtase é a maior fonte de inspiração do homem, está intimamente ligado à criatividade.

A mente se ocupa deste estado de espírito para criar.

Porém, jamais se esqueça de ficar com seus pés no chão, delimitando o azo da sua criação.

14. SORTE

"Dinheiro não cai do céu", quantas vezes ouvimos esta singela frase, inúmeras...

O pai chama o filho e lhe pede: Filho, veja se está chovendo, o filho chama o cachorro que estava ao relento, e responde ao pai:

Chove, pai!

Obviamente... o cão estava molhado.

Li em algum bom relato de vendas a seguinte história:

O diretor, diante da reclamação do seu funcionário pelo modesto salário que percebia, pede-lhe:

Carlos, faça-me o favor de ir até o mercado e; veja o preço do abacaxi para a nossa festa de fim de ano...

Volta Carlos, e diz:

O preço do abacaxi é, R$1,50.

Enquanto Carlos espera nova ordem, o diretor chama Cláudio, outro funcionário, e lhe faz o mesmo pedido.

Volta Cláudio, dizendo:

Senhor diretor, o abacaxi custa R$1,50, porém, se o senhor comprá-lo na quantidade X, ele sairá por um preço bem mais acessível, com a opção de substituí-lo pelo maracujá, que custa tanto, ou etc... etc...

Bem... não precisa-se concluir mais nada em relação a este funcionário...

15. MEDO

Este sentimento é, o maior inimigo do vendedor, medo difuso, virtual, inexistente, pelo simples motivo do profissional plasmá-lo, criando-o de maneira negativa, até porque, ele é negativo.

Nos dias hodiernos, com a maldade campeando à solta, a situação caótica do ser humano agrava mais o medo, tornando-o super medo.

Vejamos como o poder criativo do profissional é realmente sobremaneira, tanto do ponto de vista do negativismo, bem como do positivismo.

Daí a velha e decantada frase:

"Você é, o que você pensa ser!"

Então você é o seu próprio pensamento criativo!

Você cria situações inconscientemente que o seu pensamento deseja, propiciando assim fatores ao bem, ou ao mal.

Confunde-se medo com precaução, você pode ser precatado, porém, muito corajoso.

O fato de você evitar acidente indica bom-senso, cuidado, inteligência, precaução etc...

Agora o fato de você encarar a vida de frente acontece o inverso, exatamente coragem, força, obstinação, contumácia, perseverança etc...

Somente os estouvados de mente, não conseguem enxergar a vida a ser vivida, posto que, fomos colocados nela para sermos vencedores...

Viver é vencer!

Vender e vencer são: vida!

De modo que, você, por ser vivente, é um grande vencedor, pois, já passou por muitos obstáculos para se encontrar onde está.

16. CRÍTICA

Jamais se importe com aquilo que outros pensem de você!
"Não dê bola a torcida".
Seja corajoso, tenha personalidade, seja mais você...
Liberte o seu espírito, matando aquele que está lhe matando, o medo conduzido pela crítica.
Destruir é muito fácil, qualquer um de nós que use a dinamite, descoberta pelo sueco Alfred Nobel, pelo qual, derivou o Prêmio Nobel, colocamos então... enorme construção abaixo num piscar-de-olhos e que levou muito tempo a ser erigida...
Enquanto você, laboriosamente constrói, outros, aparvalhados seres humanos querem impedi-lo de marchar ao sucesso, às vezes dinamitando o seu caminho...
De modo que, você tem seus valores alicerçados na experiência do seu cotidiano de trabalho honesto, portanto, digno.

17. FRUSTRAÇÃO

Não seja um frustrado, apesar deste sentimento poder ser uma ferramenta inconsciente de muitos que chegam ao sucesso.
A frustração acontece quando a pessoa não aceita o desafio.
Porém, quando o frustrado quer e deve dar a volta por cima, aí ela torna-se uma alavanca primordial ao sucesso.
A frustração traz no seu bojo a covardia, pois, aquele que se acovarda diante dos problemas, realmente será um derrotado.

Trazemo-la desde a nossa infância, quando os mais velhos querem nos manipular, frustando nossos desejos.

E, nos momentos atuais, temos de nos adaptar aos desejos alheios, sendo que, não somos os donos de uma única verdade absoluta.

Existem as maneiras, pelas quais as pessoas agem, e obviamente temos de respeitá-las.

Ou melhor ainda, temos de driblá-las com categoria, para que o nosso ideal prevaleça.

A nossa conquista deverá ser sutil.

Por este motivo, já afirmamos, que devemos arrumar uma maneira para o nosso cliente comprar, sem que tenhamos de vender a ele.

É aquela venda criativa, e duradoura, posto que, até para fazer uma reclamação do nosso trabalho ele terá mais dificuldade.

Mas, nós vendedores, estaremos sendo o seu verdadeiro "follow-up", iremos atrás de todos os problemas para solucioná-los, perguntando constantemente sobre o nosso produto, a nossa entrega, e a qualidade do nosso produto.

Esteja sempre pronto para resolver todo e qualquer problema que o seu cliente lhe entregar.

Com problemas, ou sem problemas, ligue ao seu cliente sempre que lhe for possível, somente para saber se ele está sendo bem atendido, sem cansá-lo com excessivas ligações.

18. A PRIMEIRA IMPRESSÃO

Há muitos especialistas em comportamento humano que, defendem a tese que, é a primeira impressão que fica prevalecendo, causando o impacto, que ficará como marca registrada do nosso primeiro contato.

Explicitando-a pela PNL = Programação Neurolingüística... ou, pela identificação eclesial, pelo carisma hipnótico, ou fatores holístico etc...

Aceitamos todas essas teses.

Falamos de vários sentimentos bons e ruins que, decidirão o nosso futuro de sucesso.

Em linguagem popular diz-se que fulano se queimou com sicrano.

Geralmente o vendedor se queimou com o comprador.

Pois bem, este fato pode ocorrer no primeiro momento, ou há empatia, ou não, e por muitos motivos.

Imaginemos que, você tivesse um padrasto que lhe maltratasse profundamente nos seus primeiros anos de vida.

E no atual momento, você recebesse o sósia do seu padrasto na condição de vendedor de um produto.

Aperceba-se de que situação desconfortável você se encontraria, até mesmo inconscientemente, haveria um enorme antagonismo nesse contato...

Você o rejeitará pelo seu subconsciente por lembranças veladas e atrozes.

Então estamos sempre sentindo, ou ouvindo alguém a dizer:

Puxa... não sei por que não vou a com cara de fulano.

Conscientização é o verbete, você como um vendedor completo, terá de ter percepções de simpatia ou antipatia no elo de ligação entre você e o seu contato no caminho ao pódio do sucesso.

Reiteramos então que, você é psicólogo, psicoterapeuta, psiquiatra, enfim, terá de usar muitos atributos para concretizar seus sonhos.

Aí você perguntará se deve abandonar esse prospecto, vai depender da sua intenção... porém, achamos que, você como bom prospector, poderá entender essa situação rara, e partirá para novas prospeções.

19. PERSONALIDADE DO CLIENTE

Como observador e analista que você o é, terá de estudar a personalidade do seu cliente.

Você poderá se deparar com um cliente cheio de malícia, com falsas promessas de que vai lhe comprar muitos de seus produtos etc...

Essa capacidade de percepção, você terá de extrair dos aprendizados diários e até mesmo da sua intuição.

Você poderá sentir o seu cliente, analisando-o, de forma que, chegue a um denominador comum.

Esse tipo de cliente pensa em tratá-lo de maneira labiosa, e até mentirosa, na intenção de conservá-lo como um pseudo-amigo para futuramente poder usufruir dessa suposta amizade, à político desonesto na esperança do seu precioso voto.

Existe o cliente tosco, que poderá tratá-lo de maneira grotesca, aparentemente desdenhando-o.

Este tipo de cliente é, aquele que teve uma infância machista, e que acompanha os passos de seu pai, com valores muito fortes e que marcaram-lhe a personalidade, ou uma gama enorme de motivos etc...

Porém, este será mais sincero e até humano, sentindo-se atraído pelos seus dotes de bom vendedor prestigiando-o.

20. LINGUAGEM CORPORAL

A linguagem do corpo é de suma importância.

Existe uma interação até inconsciente com o corpo.

Algo parecido com alguém que se apaixona por outro, sem saber a causa... sentimento este, conhecido por: "amor à primeira vista".

Pois, para se entender melhor do que estamos falando, prestemos atenção no cara folgado, aquele que não tem princípio, consciência, coerência etc...

Também muito conhecido por: "chato de galocha"...

Ele pode ser pedante, petulante, indiscreto, indesejado e por aí vai...

Você é polido, educado, cavalheiro, portanto, goza de grande simpatia.

Trejeitos e gestos indecorosos, ou falta de educação com meneios, etc...

Independem até de se abrir a boca, aliás, quem está nessa classificação, é bom mesmo que não abra a boca.

Sabe, aquele cara que, corta a frente de quem está conversando, não pede licença para adentrar uma sala, é mandão, empolado, arrogante, olha por cima, como se fosse mais do que os outros.

Bem... esse camarada está fadado ao insucesso.

O cliente apático, anda arqueado, como se estivesse carregando a desgraça do mundo todo.

Bem... você terá de entendê-lo, e usar sua picardia, no bom sentido de aperceber-se de detalhes, pelos quais, você possa trabalhar esse cliente, picardia no bom sentido de ser malicioso...

Somente para sondar o âmago problemático do seu cliente.

Sem ser apercebido.

21. LEIS NATURAIS

A mãe natureza trabalha com leis, as chamadas leis naturais, concordemos ou não, aí está a lei de Newton, que fala da atração dos corpos.

Bem, veja como leis tão corriqueiras do nosso cotidiano nos influenciam.

Quando alguém boceja, ou abre a boca, no sentido literal de bocejar mesmo, outros sentem inconscientemente a mesma reação, também bocejando.

O nordestino brasileiro, foi influenciado pelo seu sotaque regional, o mesmo acontecendo com o carioca, paulista, etc... Porém, todos são brasileiros.

"O cipó acompanha o pau".

"Diz-me com quem tu andas, que direi quem tu és".

Existem muitos provérbios que, pela prática do dia-a-dia, provam que o igual atrai o igual.

"Farinha da mesma saca".

"Galho da mesma cepa".

Então o profissional de vendas, é o grande especialista que influencia o seu semelhante.

Que fique aqui bem claro uma coisa, primamos pela liberdade, que é uma grande riqueza.

Por outro lado, a liberdade consciente é a mais cerceada possível, sendo que, o seu possuidor age veladamente, sabendo que o seu direito termina onde começa o do outro.

E bem por isto, o vendedor faz exatamente aquilo que o cliente já tem em sua mente, ou traz na sua cabeça...

Apenas orientando-o de maneira que se realize uma venda duradoura, satisfatória, pois, sendo um profissional verdadeiro, é inteligente o bastante para conservar o seu cliente que é, o seu patrimônio.

Na seqüência, falaremos do espelho.

22. ESPELHO

Você é o espelho da mãe natureza, se você mentir, se falar a verdade, se estiver com inveja, com amor, enfim... qualquer sentimento, seja ele bom ou ruim, não se engane, você deixará transparecer.

Pode até ser que, o seu contato não saiba bem o que está acontecendo, mas, ele sentirá por reflexo o seu sentimento.

O sentimento é contagiante, debalde não é que, escutamos seguidamente falarem sobre: alto e baixo astral.

O sentimento por ser elastômero, ou algo que se expande, atinge o ambiente.

É elemento desencadeador de tristeza ou alegria, simpatia ou antagonismo.

Você deve se aprimorar nesta arte de percepção dos sentimentos alheios, mesmo porque, você é o seu refletor, este sentimento bate em você e resvala à outras pessoas de seu mais caro amor, amigos e familiares...

Então é muito necessário que você faça uma profilaxia diária, antes de sair de casa.

Entre em meditação profunda, à maneira que você entender, talvez pedindo proteção e orientação à sua filosofia religiosa de sentir, ou pensar etc...

Lembremos então do entusiasmo, ele é o grande antídoto contra os maus pensamentos energéticos que nos cercam...

Começamos a falar de leis naturais, eis a maior força natural do homem, a do seu pensamento.

Esta realmente é a maior arma do ser humano.

Porém, fala-se muito sobre essa força, mas pouco se atina sobre ela.

Comparemos um pouco a nossa visão com a nossa mente:

Veja que coisa simples e maravilhosa, tão antiga precedendo a todos nós...

A visão. Você olha para dentro de uma galeria de artes, através de vidros blindados, a sua visão percorre até o mais profundo recanto dessa galeria, tirando de lá muitas informações, até se nos parece que, estamos falando de assunto sobrenatural, não fora o natural do cotidiano.

Porém, existem leis que regem os nossos sentidos, e os mais sábios cientistas não explicam a contento essa etérea matéria, já que ela está ao alcance das nossas mãos, porém, jamais conseguimos apalpá-la.

Falamos apenas da visão, além do olfato, paladar, audição, tato etc...

Imaginemos então a força energética do nosso cérebro, ou da nossa mente...

Os grandes vendedores usam suas forças mentais, e muitos nem sabem disso.

Você é um refletor sensacional.

23. PÁRA-RAIOS

Você às vezes também é, pára-raios.

É aqui que está o grande segredo do comunicador, quando energias negativas lhe atingirem, você deverá saber ser pára-raios, descarregando-as no seu devido lugar de aterramento.

Direcionando-as, como o verdadeiro refletor que você é, para o lugar correto, mesmo porque se você descarregar suas tribulações sobre seus semelhantes, essas energias retornarão a você, já que existem as leis de retorno, e causas e efeitos.

Jamais deixe transparecer seus sentimentos negativos, lute para que esse vírus não se espalhe no seu departamento, tendo você como pivô principal de tal hecatombe.

Será desastroso para você, não lhe perdoarão, creia...

Esteja sempre disposto, alegre e equilibrado.

Tal como o palhaço, que chora nos bastidores, porém, no palco representa com profissionalismo que lhe é peculiar, alegrando os corações presentes.

Você é o mensageiro de paz e alegria.

Aqui aparece a paciência, e a tolerância, das quais, tanto necessita o vendedor, no enfrentamento do dia-a-dia...

Mantendo a calma, com persistência você chegará à sua meta tão almejada, o sucesso.

24. AMIZADE

Bem... enfim lembramo-nos dela, a amizade.

Amizade, a maior riqueza do ser humano, não importa se alguém é seu amigo, o que importa é, que você o seja.

Não importa muito se alguém lhe ama, e sim, que você o ame!

Você dirá que, os amigos são poucos, até concordamos com você, porém, você se esqueceu do maior detalhe:

Você é o amigo, ao qual referimo-nos!

Pouca importância tem se alguém deixou de ser seu amigo, você é o verdadeiro amigo, e sabe o por quê?

Simplesmente porque, o verdadeiro vendedor jamais tem inimigos...

Ora, pela lógica da retórica, quem não tem inimigo só pode ter amigo.

Este capítulo é de relevada importância, tanto que começamos aventar sobre ele e, deixamos para agora, dando ênfase neste tema.

Você encontrará uma horda de pessoas, e de todas as espécies.

Porém, com o jogo de cintura que você tem, todos eles acordarão com você, mesmo porque você é líder carismático.

O ser humano tem duas personalidades naturais, uma boa e outra ruim...

Haja vista que, se você fizer amizade com a mais baixa escória humana, ela irá de certa forma proteger-lhe...

Não estamos querendo aqui, entrar no âmago da questão...

Apenas são fatos...

Você terá pela frente aquele cliente chato, arrogante, prepotente, e outras coisas mais, mas, você irá doutriná-lo a passar gostar de você e, por incrível que lhe pareça, isto será ponto pacífico.

Você é o grande fazedor de amigos.

Grande conquistador das batalhas que lhe elevarão ao poder do sucesso!

Você é poderoso, porque, tem o poder da palavra e do pensamento.

A sua profissão é aquela que requer de você muita meditação e observação, portanto, se você tem preguiça mental... sentimos muito, vá fazer outra coisa da vida, aquelas que máquinas repetitivas fazem...

Aquelas quase extintas ao ser humano, como a função de odômetro, de contar e contar, mesmificado na canhestra e maculada preguiça mental.

Para você continuar a ser o vitorioso que é, não poderá permitir a oxidação mental, pois, a ferrugem está à espreita para atacar a sua mente, então cuide-se, pois, é sabedor de que o seu maior poder, é mental.

Caro amigo vendedor, parabéns, não pare, você é o elemento invejável que muitos desejam ser, mas, nem sempre sabem comportar-se como tal, pois, lhes faltam qualidades, considere-se um privilegiado.

Sucesso!

Sucesso!

Sucesso!

GESTÃO HODIERNA DE UMA EMPRESA

COMUNICAÇÃO INTERNA - O PRIMEIRO PASSO AO SUCESSO

Não se resolve o problema cruciante de uma empresa com uma equipe formada por profissionais bem dotados e brilhantes; se não houver informação adequada, integração, e principalmente a comunicação, poder-se-á estar malhando em ferro frio...

A comunicação interna desde a presidência ao ajudante geral, torna-se premente.

Não é necessário que se diga com enfática, seja ela majorada entre os membros da diretoria, sendo otimizada na ordem hierárquica, e vamos ser mais explícitos, que cada um dos membros da empresa saia à cata de informação, comunicando-se, e interagindo junto aos grupos, poupando assim um peso à diretoria da empresa.

Que aqui se faça perguntas objetivas aos responsáveis a empresa:

Que tipo de comunicação se deve fazer?

E a quem deve ser feita?

O grande problema está no comodismo, de não querer dar, e sim, receber...

Tem de se repensar como se vai trabalhar.

Como cliente... é óbvio que se deve querer e exigir, porém, como fornecedor, é o inverso.

Comunicar não é tão simples, há de doutrinar obstinadamente, sendo tolerante e paciente, para enfiar a idéia na cabeça do funcionário que, muitas vezes tem dificuldade de assimilação e aprendizado.

Autenticidade, é o nome correto para essa situação.

Fala-se em determinação, estímulo, entusiasmo, qualidade de vida, e aqui insere-se até o senso ecológico e religioso etc...

Não basta que se apregoe, e fale aleatoriamente, necessário se faz a ação, e que se coloque-a em prática.

Então, fala-se uma coisa e se faz outra.

Os funcionários ficam na espera paradisíaca, e acaba dando com os burros n'água...

O funcionário, preza o seu emprego, haja vista o desemprego solapando vidas humanas, de maneira indiscriminada, quando se promete o mundo e o fundo ao funcionário, e acontece exatamente uma gorda mentira, e ele se vê no meio da rua, haja desespero... que o leva até ao suicídio, infelizmente é isto que vem acontecendo com o chefe de família bem intencionado.

Sentindo-se traído pela empresa, pode até causar males pessoais aos seus membros responsáveis.

FERRAMENTAS MODERNAS PARA ASSENTAR A COMUNICAÇÃO INTERNA NA EMPRESA.

E, aqui surge novos termos e conceitos, vale tudo para se ter um funcionário feliz e producente... sair fora da dissimulação e, apenas exercer a autenticidade em busca da verdade na interação do grupo – confiança mútua, onde a participação do cliente é preponderante, buscando a empatia pessoal, cativando-o, sendo que é ele a causa maior da sobrevivência da empresa.

É a única maneira de se preservar a lucratividade, e a estabilidade geral do respectivo empreendimento.

Como se falasse o esperanto, todos devem falar a mesma língua, e este fator deve começar pela base.

O maior "marketing" de uma empresa é o corpo de empregados, que, quando satisfeito, orgulhoso faz a propaganda da firma.

Essa interatividade intrínseca na empresa tornar-se extrínseca, como um cálice a transbordar satisfação, colocando a marca e o nome da empresa em lugar de destaque no mundo mercantil.

Comunicação como fator prioritário:

Dar conforto ao funcionário, porém, exigir fidelização aos objetivos maiores da empresa.

Aproximação da diretoria com os funcionários:

Ceder condições e insumos básicos a todos os componentes da empresa.

Liberdade de busca:

O funcionário deve gozar de toda a liberdade na busca da informação exata para o bom andamento do seu trabalho.

Espontaneidade:

Sem dissimulação, deve prevalecer a verdade informativa, honestidade e fidelidade à empresa.

Aprendizagem:

Otimização no processo de assimilação efetiva da comunicação.

Senso de grupo:

Sair do pragmatismo, bairrismo, generalizações estereotipadas, garantindo a qualidade de relacionamento na empresa.

Desenvolvimento de base:

Desenvolver a interação básica e competente de expressões orais, escritas, concorrendo para a qualidade de relacionamento interno.

Rapidez:

O mundo dos negócios, atualmente gira mais rápido, e através do convívio irmanado deve existir a rapidez na comunicação de informação.

Tecnologia:

Equilibrar a tecnologia e o contato humano, potencializando a força e rapidez do grupo.

EXPERIÊNCIA EMPRESARIAL:

Grandes empresas, na linha de "network" por exemplo, mantém uma incrível comunicação interna e externa com seus colaboradores, movimentando um enorme contingente de trabalhadores interno e externo, direto, ou indiretamente na empresa.

Transparência, é a tônica dessas empresas, são enfáticas em suas decisões, com o escopo de beneficiar com eficiência simultaneamente todo o conglomerado.

O empresário está aprendendo como lidar com seus funcionários e, aqui não vale somente o que ele pensa, e sim o que o funcionário pensa, principalmente.

E, no mundo cibernético e informático, esse processo é muito ágil.

Jornais, portafólios e outros recursos informativos são acionados para a boa comunicação informativa.

No dia de seus lançamentos reúnem-se diretores, gestores, colaboradores, fornecedores para a explanação e distribuição dos informativos.

Folhetins de liquidação e oferta, são distribuídos à toneladas.

Em lugares estratégicos afixam-se informações sobre novidades de recursos humanos, que é de interesse geral.

Reuniões, campanhas e mais campanhas, fortalecendo a auto-estima de seus distribuidores.

Propagandas publicitárias pelas redes de televisão não param...

Mapa estratégico

Eis uma ferramenta que vale a pena ser usada, através de um mapa que poderá cobrir uma mesa toda, reúne-se o grupo do departamento, num total de seis, ou mais profissionais, conforme a necessidade de cada setor, ou departamento.

A vida é um jogo de sobrevivência profissional, e essa técnica do mapa é composta por jogos, com perguntas e respostas objetivas dinamizando o interesse do grupo, então dá-se a tão esperada interação dos funcionários levando-os a comentarem sobre o assunto à maneira amigável como integrantes de uma família, de uma boa e equilibrada família...

A criatividade vem junto com o manuseio do mapa na resolução de problemas, e como a meta é a de comunicação interna, no elã de que se exteriorize-a, e para isso o funcionário acaba se inteirando e contribuindo ao sucesso da empresa, e conhecendo melhor as condições atuais do mercado, velando auspiciosamente pelo interesse do consumidor.

O mapa estratégico deve correr a rede toda da empresa e de seus distribuidores, em reuniões que duram até o máximo de duas horas com discussões de perguntas sem as respectivas respostas, o que faz a reunião tornar-se interessante pela interatividade e pela elevação do moral de cada componente que se sentirá útil na resolução de problemas.

O mapa propicia ao integrante a sua própria descoberta, através de suas metáforas visuais na complexidade do assunto pautado.

QUALIDADE DE VIDA

A estatística mostra que este é um fator de grande importância à família empresarial, ou seja, à empresa na sua totalidade humana.

O impacto é bem maior do que se imagina, poupando a empresa de futuros dissabores, atuando como uma eficiente profilaxia.

O bem-estar do ser humano é impagável, não tem preço, além de trazer lucratividade a empresa, reduzindo contundentemente os gastos com a assistência médica, e consequentemente poupando-a da falta ao trabalho de seus funcionários.

Local insalubre de trabalho irá perturbar a saúde psicossomática do funcionário, despencado a sua produção, podendo levá-lo a uma depressão velada causando-lhe lapsos de memória, cansaço, e ausência de autoconfiança, caindo-lhe a produtividade em até 20%... gerando uma perda de mais de 30 bilhões de dólares ao ano, segundo amostragem americana.

Não pára por aqui, não é somente a depressão, uma simples e normal gripe, afasta o trabalhador 4 dias por ano de suas atividades, somando à milhares deles, o número torna-se grande, e a falta profissional do funcionário acarreta prejuízo representativo, no atraso da produtividade premente, gerando, além de custos médicos, confusões às vezes irreparáveis a empresa.

Uma gripe mal cuidada, transforma-se em uma pneumonia que pode deixar o funcionário de molho até 30 dias longe de suas funções, se não acontecer o pior...

É de muito bom alvitre, conscientizar o funcionário, de maneira sutil... que ele não é insubstituível, até porque o desemprego infelizmente tem assolado o nosso país, e a mão de obra tornou-se farta no mercado de trabalho, e a procura, é maior do que a demanda.

Foi o tempo pelo qual o empresário batia numa tecla quebrada, dizendo que os nossos problemas pessoais deveriam ficar em casa, ou seja, longe da empresa, como que se o empregado tivesse domínio pleno sobre seus instintos de sobrevivência.

Deve-se cultuar e cultivar a auto-estima dentro da empresa, através de reuniões conscientizadoras tornando assim as boas relações interpessoais.

Campanhas preventivas contra o câncer, hepatite, hipertensão, tabagismo, doenças bucais.

Incentivos laborais e esportivos, alimentações saudáveis, ações sociais, etc...

Jamais se esquecer de reavaliar os resultados provenientes da qualidade de vida, bem como deve ser feito na empresa como um todo.

A exemplo do tabagismo, que caiu vertiginosamente nas empresas, e algumas delas testificam uma queda de 60% - que belíssima taxa alcançada, fazendo bem ao ex-viciado, e propiciando menos gastos com a sua saúde.

Até por filantropia... por que não premiar aqueles que se dedicarem com mais assiduidade as atividades físicas, pagando-o com um cupom de acordo com os minutos de exercício?

Aqui deve entrar com proficiência a comunicação incentivadora para que todos tenham consciências desses programas.

Entretenimento, é um dos motivos que trazem satisfações múltiplas ao funcionário.

Ratifica-se: jamais prometer aquilo que não se pode cumprir!

O ser humano tem dois fios condutores, como a uma rede de energia elétrica e seus dois pólos: um positivo e outro negativo, e tem de pautar pelo equilíbrio para uma vida saudável em todos seus aspectos, para que resplandeça a sua luz de bom profissional.

Parcerias com grêmios e clubes de entretenimentos que funcionam como verdadeiros pára-raios aos funcionários que gastam seus neurônios nos quebra-cabeças de suas empreitadas, desopilando-lhes o fígado...

Lugar de descanso e estímulo, ou motivação e integração social, até você empresário inteligente e moderno regozija-se ao vislumbrar o sorriso de seu funcionário, fidelizando-o como associado na qualidade de vida.

Há muito tempo existe uma sóbria preocupação com o entretenimento aos funcionários, posto que muitas empresas mantiveram seus campos de futebol e grêmios recreativos, porém, hoje acentuam-se com maior ênfase.

O autogerenciamento da saúde, deve ser ensinado ao funcionário, oferecendo-lhe todo o tipo de apoio que se fizer necessário.

Auto-estima é peremptoriamente sinônimo de saúde, que aqui não se faça esquecer a célebre frase: "Mente sã em corpo são".

Assistência social e psicológica são muito importantes.

Deve-se começar pela ginástica laboral, pela sua funcionalidade e economia, trazendo muita disposição e obviamente saúde profilática ao empregado.

Aumentando a saúde dos funcionários, negocia-se com a seguradora, pois, ela também terá de dispor menos com consultas e internações, e a economia é fantástica, uma maneira inteligente de enxugar os custos debelando doenças...

Antes de mais nada deve-se fazer uma enquete com os funcionários, sobre qualidade de vida, sempre lembrando de que nada deve ser prometido, portanto, a autenticidade do orador deve ser ilibada, para que o plano dê certo.

Muitos acharão que a proposta é uma balela, até por ignorarem o assunto, e muitas dúvidas serão suscitadas, desconfiando de que seja uma bravata exploratória.

Sem as devidas parcerias, é bom que se esqueça do assunto inserido neste contexto, entre os parceiros devem estar nutricionistas – comunicadores – gremistas – líderes etc...

Os resultados serão de médio a longo prazo, posto que, depende muito da conscientização do pessoal a aderir ao sistema, sendo sempre a decisão do funcionário, e para isso deve-se contar com um profissional eloqüente e que possa passar a verdade do plano oferecido.

CRIAR

Deve-se criar uma maneira para se combater o sedentarismo, porém, como isto é de livre-arbítrio do funcionário, não se pode forçar a barra, apenas induzi-lo, mostrando-lhe a necessidade que se tem de fazer exercício.

O que é qualidade de vida?

Bem, podemos simplificar dizendo: quando ela é saudável e equilibrada, e quando ela está satisfazendo a pessoa, mas, alguém pode achar que a sua vida é um espetáculo e, estar usando drogas.

Primeiro, tem-se de fazer uma auto-análise e verificar se realmente encontra-se tudo em ordem, e se estiver, então existe a qualidade de vida, no caso pessoal, onde não envolva os membros da família e que poderão estar pensando diferentemente do felizardo.

Neste caso tem-se um componente de qualidade de vida, já que o indivíduo não almeja muito da vida.

Socialmente falando, a realidade é outra, pois, deve existir a famosa interação humana, e o convívio social, pois, ao se juntarem pessoas, acontece um outro fator muito importante que é, a psicoterapia.

Veja só, as madamas freqüentadoras de salão de beleza... ali elas matam dois coelhos com uma cajadada só, embelezam-se e fazem psicoterapia, e alguns mexericos também...

Muitos vão à igreja, e lá se interagem de maneira normal, todos esses fatores se inserem nesse contexto de qualidade de vida.

A boa qualidade de vida, está na boa alimentação, na boa formação familiar e escolar, no ar o qual se respira, na água potável, na vestimenta que se usa, ou seja na boa apresentação pessoal, nos locais de diversões os quais são freqüentados.

Enfim a própria liberdade exercida no ir e vir, ela é puramente de ordem psicossomática, ou seja deve ser saudável à mente e ao corpo.

A verdadeira qualidade de vida é amplificada, à medida que se reconhece certa igualdade entre empresa, empresário, e empregados, são todos efêmeros e mortais, daí o igualitarismo fazer parte da boa qualidade de vida como um todo.

VENDAS & MARKETING

Eis dois setores, ou pontos importantes da empresa, aliás, são dois pólos que quase se fundem, mistura-se alho com bugalho.

No sincretismo atual, o profissional de vendas torna-se um coringa, invadindo quase todos os setores, e em contrapartida todos os demais funcionários se não agirem à vendedores, a firma estará fadada ao insucesso...

Um entregador de mercadoria, ao retirar uma mercadoria danificada, deverá agir com a maior lisura possível, e para tal há de ser treinado com esmero, pela suposta bronca que irá ouvir do cliente.

Aqui está o fator mais importante ao sucesso de uma empresa, posto que ela não pode errar em nada, porém, quando errar... contar com a fineza e educação de todos os funcionários, e ratifica-se a interação de toda a empresa, a começar do auxiliar geral ao presidente da empresa.

Treinar a equipe é o grande segredo do bom empresário.

O departamento de vendas é tudo dentro de uma empresa, e o seu gerente deve ser uma pessoa especial, ou seja um vendedor com maior carga a carregar.

O Gerente de Vendas é a pessoa que cuida do moral da tropa, numa guerra insana e concorrida, posto que o seu departamento é o coração da empresa.

Ah... quando as vendas despencam, o mundo empresarial fica em polvorosa, o setor de produção entra em pânico, o desemprego começa a insurgir na cabeça do operário e o ambiente fica realmente funesto, e o Gerente de Vendas tem de agüentar o rojão.

O gerente tem de ter uma equipe coesa, redondinha, bem formada, com homens conscientes e capazes, e a ociosidade não tem lugar nesse departamento.

Alguns pejoram esses profissionais, que tem por ofício o mais antigo da história, aliás, aquele que trata um profissional de picareta, como isso às vezes acontece, não tem consciência do que está dizendo, posto que é também um picareta, já que ninguém escapa a esse estigma, pois, todo o ser humano é essencialmente vendedor!

Então a chave da porta do sucesso encontra-se numa boa equipe de vendas.

Selecionar essa gente... que é o x da questão, ah... aparecerão muitos pára-quedistas, são aqueles que caem na frente do gerente de vendas e, diz-se grande conhecedor do terreno.

E, o gerente como a um franco atirador, atirou na onça e acertou no tucano...

As aparências enganam, por isso o entrevistador deve tomar muito cuidado para livrar-se dos maus vendedores.

Existe uma casta de pseudos vendedores, os conhecidos por viciados, que estão interessados mais no fixo e na ajuda de custo do que realmente no fechamento de boas vendas que trariam a eles polpudas comissões.

O gerente tem de conhecer um pouco de psicologia prática, e a região que irá trabalhar com a sua equipe.

Excelente seria formar o profissional de vendas no seu próprio departamento, porém há se ter muita tolerância e paciência, até porque, quando se conhece algum assunto com profundidade, dá-se a impressão de que todos conhecem.

O Gerente de Vendas, realmente deve se entregar à uma meditação profunda, dominando até seus próprios instintos e pensamentos e se preparar para ser um verdadeiro mestre, aplicando todos os recursos estimulantes, sobre o vendedor, convencendo-o de que ele é capaz de produzir, ou seja, deve convencê-lo a convencer o cliente a comprar.

Treinar um vendedor é, ensiná-lo de maneira ampla, indo a campo com ele, questionando-o sempre, suscitando dúvidas para saná-las e, consequentemente fazê-lo um bom vendedor.

A segurança e a autenticidade fazem o vendedor.

A sua pontualidade deve ser britânica, jamais deixando o cliente na espera, ele sim pode tomar chá de cadeira, porém, o cliente jamais.

Demonstrar-lhe o produto em seus mínimos detalhes na esperança de que ele assimile e explane adequadamente ao cliente o que apreendeu da demonstração.

A seara está ruim de vendedores, portanto, é tarefa árdua para se obter êxito ao preparar este profissional, porém, com paciência chega-se lá.

O potencial do mercado é muito bom mesmo, mas, achar o danado do vendedor é realmente um problema...

Existem atitudes criativas e particulares, as quais não se assemelham com as técnicas de vendas.

Com certeza entra em cena a arte, o principal fator, pela qual somente uma boa avaliação do âmago do profissional, fluindo de seu mais profundo ser, é que pode ser desenvolvida em laboratório.

Como a uma valiosa pedra bruta, que terá de se tornar o mais fino brilhante pela lapidação.

A mudança global é acelerada, e para alcançá-la necessário se faz a atualização constante, os aspectos são adversos...

Treinamento constante, como em tempo de guerra, ali está de plantão o sargento treinando a sua tropa para o combate corpo a corpo, ao vendedor a guerra maior e eficiente é aquela onde se aplica o calor humano, pois, as máquinas são frias sobremaneira apesar de sua agilidade. Observação constante, sem perder o mínimo detalhe no ofício de vender, este é o principal cuidado que deverá ter o Gerente de Vendas.

Neurolingüística

Aventamos sobre os nossos sentidos, e a PNL é exatamente o instrumento que viabiliza o nosso conhecimento analítico defronte do nosso interlocutor.

Pela visão podemos analisar o semblante do nosso contato e suas manifestações, o olho diz muito, a alteração da íris, os nervos faciais são preponderante nessa análise, onde podemos notar o nervosismo, o medo, o pavor, a dor, a alegria, enfim o estado de espírito, por onde poderemos começar o nosso trabalho de prospector até que cheguemos ao ápice intuitivo, e daí em diante, podemos entender apenas e, não explicar.

A PNL é o estudo do funcionamento mental em suas programações e seus efeitos práticos no nosso cotidiano, dando-nos uma percepção maior do nosso mundo interior e exterior.

Podemos rivalizá-las com as sábias palavras do Cristo:

"Amai o próximo como a vós mesmos".

Ame-se a si mesmo, compreenda-se a si mesmo e depois, poderá aplicar seus conhecimentos ao seu interlocutor.

Em outras palavras, teremos uma maior percepção do mundo, ao introspectarmo-nos a nós mesmos.

Os profissionais das áreas humanas, médicos, educadores, vendedores, executivos, e todos os demais devem aperfeiçoar-se em neurolingüística.

No fundo, é a conscientização mental verbalizada e atuada nos meios comunicativos e os seus respectivos processos.

Queremos inserir todos os bons fatores aqui descritos à qualidade de vida do profissional de vendas, e como já nos referimos, todos nós nascemos vendedores, a causa maior de qualquer sucesso.

Desejamos-lhe todo o sucesso do mundo.

www.ingramcontent.com/pod-product-compliance
Lightning Source LLC
Chambersburg PA
CBHW071830200526

45169CB00018B/1308